BEI GRIN MACHT SICH IHR
WISSEN BEZAHLT

- Wir veröffentlichen Ihre Hausarbeit,
  Bachelor- und Masterarbeit

- Ihr eigenes eBook und Buch -
  weltweit in allen wichtigen Shops

- Verdienen Sie an jedem Verkauf

Jetzt bei www.GRIN.com hochladen
und kostenlos publizieren

Jessica Schumacher

Das Schulkonzept der Freien Comenius Schule Darmstadt-Kranichstein

Lernzusammenfassung

GRIN Verlag

Bibliografische Information der Deutschen Nationalbibliothek:

Die Deutsche Bibliothek verzeichnet diese Publikation in der Deutschen National-bibliografie; detaillierte bibliografische Daten sind im Internet über http://dnb.d-nb.de/ abrufbar.

Dieses Werk sowie alle darin enthaltenen einzelnen Beiträge und Abbildungen sind urheberrechtlich geschützt. Jede Verwertung, die nicht ausdrücklich vom Urheberrechtsschutz zugelassen ist, bedarf der vorherigen Zustimmung des Verla-ges. Das gilt insbesondere für Vervielfältigungen, Bearbeitungen, Übersetzungen, Mikroverfilmungen, Auswertungen durch Datenbanken und für die Einspeicherung und Verarbeitung in elektronische Systeme. Alle Rechte, auch die des auszugsweisen Nachdrucks, der fotomechanischen Wiedergabe (einschließlich Mikrokopie) sowie der Auswertung durch Datenbanken oder ähnliche Einrichtungen, vorbehalten.

Impressum:

Copyright © 2005 GRIN Verlag GmbH
Druck und Bindung: Books on Demand GmbH, Norderstedt Germany
ISBN: 978-3-656-73786-5

Dieses Buch bei GRIN:

http://www.grin.com/de/e-book/279938/das-schulkonzept-der-freien-comenius-schule-darmstadt-kranichstein

GRIN - Your knowledge has value

Der GRIN Verlag publiziert seit 1998 wissenschaftliche Arbeiten von Studenten, Hochschullehrern und anderen Akademikern als eBook und gedrucktes Buch. Die Verlagswebsite www.grin.com ist die ideale Plattform zur Veröffentlichung von Hausarbeiten, Abschlussarbeiten, wissenschaftlichen Aufsätzen, Dissertationen und Fachbüchern.

Besuchen Sie uns im Internet:

http://www.grin.com/

http://www.facebook.com/grincom

http://www.twitter.com/grin_com

Das Schulkonzept der Freien Comenius Schule Darmstadt-Kranichstein

Gliederung

der mündlichen Zwischenprüfung im Bereich

Allgemeiner Pädagogik

im Studiengang Magister Pädagogik

im Fachbereich 3

an der Technischen Universität Darmstadt

Name: Jessica Schumacher

Prüfung: 7. September 2005

Gliederung der Prüfungszeit:

- Kurzer Überblick über Comenius' Leben und Wirken und seine wichtigsten pädagogischen und didaktischen Gesichtspunkte

- Vorstellung des Schulkonzeptes der Freien Comenius Schule in Darmstadt-Kranichstein

- Umsetzung des Schulkonzeptes (Hospitation und Fotos)

- Vergleich des Schulkonzeptes mit Comenius' Gedankenansätzen

Quellenverzeichnis:

- Comenius, Johann Amos: Pampaedia-Allerziehung (Schriften zur Comeniusforschung, Bd. 20). In dt. Übersetzung: Schaller, Klaus (Hrsg.) (2001), 3. Auflage, Sankt Augustin
- Dietrich, Veit-Jakobus (1991): Johann Amos Comenius. 3. Auflage, Reinbek
- Komenský, Jan Amos/Johann Amos Comenius (1992): Labyrinth der Welt und Paradies des Herzens, 1. Auflage, Burgdorf. Aus dem Tschechischen übersetzt von Irina Trend, Originaltitel: Labyrint světa a ráj srdce, Amsterdam 1663
- www.schulserver.hessen.de/darmstadt/comenius, zuletzt abgerufen am 05.09.2005
- www.schulserver.hessen.de/darmstadt/comenius/index.php?page=14&section =1, zuletzt abergerufen am 05.09.2005

• Kurzer Überblick über das Leben und Wirken von Comenius

Im Mittelpunkt seiner Pädagogik steht eine christlich humanistische Lebensgestaltung. Die drei philosophischen Grundprinzipen der Pädagogik von Comenius sind: "omnes, omnia, omnino", d.h. "allen Menschen alle Dinge der Welt in grundlegender Weise beizubringen". Comenius glaubte an das Ideal des zwangsfreien Unterrichts was er in seinem Motto: "omnia sponte fluant, absit violentia rebus" (lat.) d.h. "Gewalt sei fern von den Dingen, alles fließe aus eigenem Antrieb", welches auf der Titelseite von "Orbis sensualium Pictus" erscheint, manifestierte. Comenius sah Pädagogik als eine rettende Kraft, welche die Menschheit durch die Ausbildung der Jugend zur Weisheit aus dem Verderbnis des 30-Jährigen Krieges wieder herausführen sollte.

Als Lernprinzipien stellte er Lernen durch Tun, Anschauung vor sprachlicher Vermittlung, Muttersprache vor Fremdsprache, Beispiel (Vorbild) vor die Worte.

In seinen didaktischen Werken forderte Comenius allgemeine Reform des Schulwesens mit einer Schulpflicht für Jungen und Mädchen mit einer einheitlichen Schulausbildung bis zum 24. Lebensjahr, Anschaulichkeit und Strukturiertheit des Unterrichts, Bezug des Unterrichts zum Alltag, Anschaulichkeit im Unterricht und vieles mehr. Viele Prinzipien sind auch heute ein Bestandteil des Bildungssystems.

Comenius ist der Begründer der Didaktik. Er entwickelte die erste systematisch aufgebaute Didaktik der Neuzeit.

28. März 1592	Jan Komenský wird in Ostmähren geboren
1608-1611	erster Schulbesuch: Lateinschule der Brüder in Prerau
	Anschließendes Studium der Theologie in Herborn – nimmt seinen zweiten Vornamen „Amos" an und lateinisiert seinen Nachnamen Mitte der 20er.
1613	Studienreise, um bedeutende Persönlichkeiten und Länder kennen zu lernen – denn Reisen bedeutet für ihn „praktische Unterweisung", denn sie sind sehr bereichernd:
	man soll zwar reisen soll, aber nicht zu viel, sondern klug und in Maßen. Hierfür stellt er einige „**Regeln**" auf:
	➢ zuerst die Heimat erkunden ➢ dann Fernreisen.

(ReiseführerIn annehmen, Landkarte mit sich tragen, Volk erkunden, Reisetagebuch, Gelehrte und Berühmte der Stadt begrüßen, sich in den besten öffentlichen Gaststätten aufhalten, denn dort nehmen die besseren Stände ihre Mahlzeiten zu sich, stets bescheiden verhalten – wie ein fremder Gast, sich für die Sehenswürdigkeiten interessieren, sie besichtigen etc.):

„Wer einen Berg, ein Tal, eine Ebene, einen Baum, ein Pferd, einen Menschen [richtig] angeschaut hat, der hat die ganze Welt gesehen, weil diese ja daraus besteht." (Comenius: Pampaedia-Allerziehung. In dt. Übersetzung: Schaller (Hrsg.) 2001, S 247)

➢ anschauliches, selbstständiges Lernen

Studienwechsel nach Heidelberg

1614-1618   Lehrer und Rektor an der Lateinschule in Prerau, wo er 1616 zum Priester der Brüderunität ordiniert wird

Bereits in seiner Studienzeit beginnt er wissenschaftliche, pädagogische und theologische Arbeiten und Werke, mit denen er sich im Laufe seines Lebens beschäftigt. Er verfasst außerdem überaus sensibel in der Situation des 1618 begonnenen Dreißigjährigen Krieges Schriften und macht und auf die Missstände seiner Zeit aufmerksam. Er thematisiert die Kluft der Armen und Reichen, die Käuflichkeit der Justiz, die überhöhten Steuern, Frondienste, Schuldknechtschaft, Wucherzins, Pfändung bei Zahlungsunfähigkeit und Raub und betrachtet alles theologisch unter Betrachtung der Gleichheit unter den Menschen.

„Das Zentrum der Sicherheit", ein theoretisches, philosophisches Werk, das die **comenianischen Gedanken um die Pole Gott, Mensch und Natur** kreisen lässt. *„In den Trostschriften zeigen sich schon die wesentlichen Grundzüge des comenianischen Denkens. Sein ganzes Leben lang wies Comenius darauf hin, daß Welt und Mensch in ihrer gegenwärtigen Verfassung nicht in Ordnung sind. […]* **Später wird ihm die Verbesserung des gesamten Menschen und der ganzen Welt zum zentralen Anliegen, und er entdeckt an diesem Punkt eine pädagogische und politische Aufgabe.**" (Dietrich, S. 43-44)

1628-1641	immigriert die Familie in **Lissa**

1632	übernimmt er die **Aufgabe des Senior-Schreibers** und erledigt die wichtigsten schriftlichen Arbeiten für die Unität

Die „Böhmische Didaktik" wird mehrmals überarbeitet, ins Lateinische übersetzt und als „Große Didaktik. **Die vollständige Kunst, alle Menschen alles zu lehren**" bekannt. „ ,*Nicht nur die Kinder der Reichen und Vornehmen sollen zum Schulbesuch angehalten werden, sondern alle in gleicher Weise, Adlige und Nichtadlige, Reiche und Arme, Knaben und Mädchen aus allen Städten, Flecken, Dörfern und Gehöften.' "* (nach ebd., S. 54) „ *[...] etwa an die Betonung der realkundlichen, naturwissenschaftlichen Fächer und der Naturgemäßheit der Unterrichtsmethode, an die Bedeutung der Anschauung für den Unterricht und den Zusammenhang von Sache und Sprache, an die Wertschätzung der Muttersprache und schließlich an den Hinweis auf die Frömmigkeit als letztes Ziel der Erziehung."* (ebd., S. 54) Seine eigene Muttersprache war das Tschechisch. Allerdings verfasste er die meisten seiner Texte (z. T. nach einer vorausgegangenen tschechischen Fassung) in der damals vorherrschenden und universell verständlichen Wissenschaftssprache Latein.

Comenius geht als erster Pädagoge vom Kind aus: Die Kindheit dient als Vorbereitung zum Erwachsensein (Erziehung zu Humanität, friedliches Miteinander – egal welcher Kultur...)

Wenn er allerdings die **Mädchen und Frauen** von der Lateinschule ausschließt, sollen sie auf einigen Gebieten, die sich um Haushalt, das eigene Heil und die Familie drehen, besonders geschult werden. Die Schüler und Schülerinnen sollen alles lernen - insbesondere die **Sinnzusammenhänge der Welt: Wissenschaften, Künste, Sprachen, Sittenlehre - und besonders die Frömmigkeit.** Alles soll anschaulich vermittelt, selbst erforscht, ausprobiert und nachgebildet werden. Comenius schlägt eine **nach Jahrgängen gestufte Klasseneinteilung** vor, die wie folgt aussieht (vgl. ebd.,S. 59):

I. **Die Schule der Kindheit: der Mutterschoß (bis 6. LJ)**
   – um die Sprache vernünftig zu lernen und seine Gedanken geordnet äußern zu können

II. **Grund- oder öffentliche Muttersprachschule zur Unterweisung in Kultur und Muttersprache (7.-12. LJ)**
   das eigene Elternhaus, das noch vor dem Schulsystem die Grundlage der Erziehung und Wertevermittlung liefern soll. Die Schule beginnt für ihn nicht mit der Einschulung und endet durch das Verlassen der Universität. Für ihn ist das ganze Leben, ab dem Zeitpunkt der Geburt eines Kindes, eine unaufhörliche Schule

III. **Lateinschule** (Lernen der Sprachen Latein, Griechisch, Hebräisch + Rhetorik, Grammatik und Didaktik) **oder das Gymnasium, Unterweisung in fremden Kulturen (13.-18. LJ)**

IV. **Universität und Reisen, Wissenschaftliches Arbeiten (19.-24. LJ)**

in den 1630ern entscheidet er sich, lateinisch zu veröffentlichen, gibt einige Sprachlehrbücher heraus, verfasst schulpolitische und – organisatorische Schriften und arbeitet an der **„Pansophie"**.

1642 zieht mit seiner Familie nach Schweden um, weil er dort in schwedischen Diensten Schulbücher und pädagogische Werke für eine Schulreform ausarbeitet; so beginnt seine dritte pädagogische Phase. Neben dieser Arbeit arbeitet er an der Pansophie weiter.

Schule soll in jedem Reich oder jeder größeren Provinz an einem leicht zugänglichen Ort gegründet werden und in Form von Kollegien stattfinden. Jede und jeder soll die Möglichkeit bekommen, sich für die Praxis vorzubereiten.
Die Lehre soll dort von den Professoren und der „studierenden Jugend" zusammen erteilt werden. Vgl. FCS

Zugang der Sprachen und das „**orbis sensualium pictus**" - „Der gemalte Erdkreis der sinnlich wahrnehmbaren Dinge", ein Lehrbuch, das durch viele bebilderte Seiten die Welt erklärt und dem die heutigen Bilderlexika sehr ähneln. **In ihnen veranschaulichte er eine neue Methode des Sprachenlernens**. Bilder, besonders Abbilder aus der Natur, waren ihm dabei sehr wichtig, sie sollten nicht nur als Unterstützung und Veranschaulichung dienen, sondern waren für Comenius eine eigene Erkenntnisquelle.

Allerdings ist das Lernen **einer anderen Sprache nicht in jeder Phase des Lebens gleich leicht oder schwer** zu meistern. Comenius macht hier sehr wichtige Unterscheidungen: Am leichtesten erlernt ein sehr junger Mensch jede beliebige Sprache, schwer wird es bereits für den heranreifenden Jugendlichen und den jungen Erwachsenen. Sobald das fortgeschrittene Erwachsenenalter aber erreicht ist, ist es für jeden Mann/jede Frau sehr schwer, eine neue Sprache zu lernen und fast unmöglich, sie jemals vollkommen zu sprechen. Daraus könnte man also folgern: Je früher man Fremdsprachen unterrichtet, desto einfacher ist es für den Schüler/die Schülerin, diese Sprache aufzunehmen

1654-1656	erneuter Aufenthalt in **Lissa**
1656-1670	**Aufenthalt mit der Familie** in **Amsterdam**, wo er an Fertigstellungen seiner Schriften arbeitet, um diese noch in seinem Leben veröffentlichen zu können. Überwiegend arbeitet Comenius als Theologe: „ ,Was ich für die Jugend schrieb, habe ich als Theologe, nicht als Pädagoge, verfasst.' " (nach ebd., S. 102) Er mischt sich mit drei Schriften massiv in die europäische und außereuropäische Politik ein. „Der Niedergang der Unität uns seiner Heimat trieb ihn nicht zur Resignation, sondern weitete seinen Blick." (ebd., S. 112)

Am 15. November 1670 stirbt Comenius in Amsterdam und wird in Naarden bei Amsterdam begraben.

„**Comenius-Projekte**", die sich mit dem praktischen Erlernen anderer Sprachen und dem damit zusammenhängenden Kennenlernen anderer Kulturkreise, d.h. interkultureller und internationaler Kommunikation, beschäftigen. (intereuropäische Chöre, Austauschprogramme, multinationalen Comenius-Förderschulen, die Comenius' Idee der Völkerverständigung in das Zentrum ihres Lehrplanes gestellt haben).

• Vorstellung des Schulkonzeptes der Freien Comenius Schule in Darmstadt-Kranichstein

Das Ziel der Schule ist es: Lernen zu lernen

Von 1981 bis 1985 haben engagierte Eltern ein Konzept für eine freie Schule entwickelt. Im August 1986 wurde sie als Freie Comenius-Schule vom Kultusministerium genehmigt, der Schulbetrieb wurde aufgenommen. Die pädagogische Ausrichtung des Konzepts orientiert sich an dem von Hartmut von Hentig (Gründer der Laborschule Bielefeld) geprägten Begriff des "mathetischen Lernens". Die wesentlichen Elemente des pädagogischen Konzepts sollen auf dieser Homepage erläutert werden. Durch die Schulpraxis wird das Konzept ständig neu bewertet, differenziert und weiterentwickelt. Basis dafür sind die Erfahrungen in der täglichen Arbeit, die Diskussionsbeiträge der Eltern während der Elternabende sowie die Arbeit in den verschiedenen Gremien der FCS.

Neben vorgegebenem Lehrstoff und Inhalten: Ermutigung und Befähigung, zu ihren natürlichen Interessen, Fragen und Ideen selbstständig Antworten zu finden. Dadurch entwickeln sie Motivation und Verantwortung für ihr eigenes Lernverhalten.

Der Lernweg rangiert vor dem Lerninhalt, die Lernmethoden vor den Lehrmethoden.

Lehrling, Geselle und Meister sein - jahrgangsübergreifende Gruppen

Kinder des ersten bis dritten und des vierten bis sechsten Schuljahres werden in jahrgangsübergreifenden Gruppen unterrichtet. Das sind sogenannte Stammgruppen nach dem Prinzip von Peter Petersens Jenaplan. Maximal 24 Schülerinnen und Schüler werden von zwei Lehrkräften betreut. Wenn beispielsweise zwei Kinder mit sonderpädagogischem Förderbedarf aufgenommen werden, reduziert sich die Gruppenstärke auf 22.

Insgesamt verteilen sich 96 Kinder auf zwei Unter-, sogenannte "U-Gruppen" (Jahrgang 1 bis 3), und zwei Mittel-Gruppen, auch "M-Gruppen" genannt (Jahrgang 4 bis 6). Jedes Jahr gibt es einen "Generationenwechsel", das heißt jeweils ein Drittel der Jungen und Mädchen verlässt nach Ende des dritten Schuljahres die U-Gruppe und steigt als neuer vierter Jahrgang in eine M-Gruppe auf. Das frei gewordene Drittel in den U-Gruppen wird mit neu aufgenommenen Kindern gefüllt. So bleibt jedes Kind drei Jahre in einer altersgemischten

Gruppe und durchläuft dabei die drei Phasen: von den Jüngeren über die Mittleren zu den Älteren der Gruppe.

...das Konzept bewährt sich:

1995 wurde die Erweiterung der FCS zur schulformübergreifenden Gesamtschule genehmigt. Im Schuljahr 1995/96 wurden 16 Schülerinnen und Schüler des siebten und achten Jahrgangs in einer ersten Ober-Gruppe - genannt "O-Gruppe" - unterrichtet. Nachdem ihr Aufbau abgeschlossen ist, wird die Oberstufe zwei parallele O-Gruppen - siebtes bis 9. Schuljahr mit maximal je 24 Schülerinnen und Schülern - und eine "A-Gruppe, "A" steht für Abgang - im zehnten Jahrgang mit maximal 16 Schülerinnen und Schülern - umfassen.

Drei Kriterien bestimmen die Zusammensetzung aller Gruppen:

1. der Ausgleich der zahlenmäßigen Stärke der Jahrgänge,

2. die Gleichverteilung von Mädchen und Jungen,

3. sowie die soziale Ausgeglichenheit der Gruppe insgesamt.

...die Erfahrungen:

Die Erfahrungen mit jahrgangsübergreifenden Gruppen sind sehr positiv: Regeln, Rituale und Arbeitsstile haben sich in den Gruppen eingespielt und werden von einer Schülergeneration zur nächsten als Selbstverständlichkeit weitergegeben. Dadurch müssen sie nicht jedes Jahr neu mit einer ganzen Gruppe erarbeitet werden. Neue Kinder lernen schnell am Verhalten der älteren. Jedes Kind erfährt in einer Stammgruppe nacheinander die Rolle des **"Lehrlings"**, des **"Gesellen"** und des **"Meisters"**. Da jedes Kind die Situation des Jüngeren in der Gruppe selbst erlebt hat und diese Erfahrung auch im Unterricht thematisiert wird, gelingt es leichter, das Verständnis der Älteren für die Jüngeren zu gewinnen.

- **Umsetzung des Schulkonzeptes (Hospitation und Fotos)**

<u>Schulablauf am 20.07.2005</u>

Ab 7.30 Uhr bringen ➤ Betreuung der Kinder

8 Uhr: gemeinsamer Kreis auf Teppich (Schuhe aus!)

       ➤   ein Mädchen hat die Leitung und bestimmt die Reihenfolge der Elemente, die auf der Tafel stehen

       ➤   ein Stein geht um: „Ich bin... und mir geht es heute gut, weil..."

„Ich bin ... und mir geht es heute nicht gut, weil..."

       ➤   Toll, denn so kommt jedes Kind zu Wort, auch das, das (sprachliche) Schwierigkeiten hat

       ➤   Ein Mädchen hat Geburtstag und darf sich ein Lied wünschen. Es ruft außerdem Kinder auf, die ihr vom Sitzplatz aus gratulieren

       ➤   **"Beschwerdezettel"**

über eine gewisse Zeit werfen Kinder in die Briefkästen der Stammgruppen Beschwerden an MitschülerInnen ein, die dann besprochen werden, wenn sich die Kinder noch daran erinnern und dazu bereit sind. Ansonsten werden nach einigem „Zureden" die Eltern informiert, die dann am Gespräch teilnehmen müssen.

Es gibt auch Beschwerden, die die komplette Stammgruppe betreffen: Durch unterschiedliche Pausenzeiten etc. kann es vorkommen, dass zwei Stammgruppen gleichzeitig im Leseraum sind. DIE KINDER bringen dann Vorschläge an, wie man das in den Griff bekommt. Gemeinsam mit den LehrerInnen/BetreuerInnen/PädagogInnen/ SozialarbeiterInnen wird dann nach Lösungen gesucht.

       ➤   die Kinder haben stets Aufgaben, die sie bearbeiten müssen (z.B. Stühle hochstellen, Wasserflaschen holen, Frühstückstisch decken, ModeratorIn/ZweitmoderatorIn des Kreises sein, Material holen etc.) – meist allein.

       ➤   anschließend befassen sie sich mit der Geburtstagsfeier, d.h. es werden zwei Kinder gesucht, die den Kuchen verteilen; anschließend bringt sich die Lehrerin (Haupt- und Realschullehrerin) ein und erklärt sich bereit, mit einem anderen Kind die Teller zu spülen

> Pause

> Beschäftigung mit dem Fach Deutsch

> Kinder stellen ihr Jahresbuch zu Ende

> gemeinsames Aufräumen, Frühstück etc.

2 Mädchen erklärten sich bereit, mich durchs Schulgebäude zu führen: Töpferraum, Kunstraum, Garten, Musikraum (ein Mädchen spielte Klavier – allein im Raum), Wildgarten, Kräutergarten, Druckwerkstatt

> gemeinsames Mittagessen gab es an diesem Tag nicht, denn es war Mittwoch

- **Vergleich des Schulkonzeptes mit Comenius' Gedankenansätzen**

Allgemeines

- Alle gleich wichtig
- Alle werden beachtet
- Gemeinsames Lernen (SchülerInnen + LehrerInnen)
- Kein fester Lehrplan – sondern Ziele stehen fest, die erarbeitet werden müssen. Jedes Kind bekommt seinen eigenen „Lernplan". Irgendwie schaffen es die Kinder, sich gegenseitig so zu motivieren, dass sie viel lernen und so auch viele Arbeitsblätter machen.
- Frontalunterricht gibt es kaum, evtl. in den höheren Klassen.
- Sachkunde gibt es im klassischen Sinn nicht. Die Kinder bestimmen selbst die Themen und lesen/informieren sich selbst im Leseraum (Geo, Was ist was) und erzählen sich selbst ganz begeistert davon ➢ sehr beeindruckend!
- Mitarbeitende in der Schule (PädagogInnen, SozialpädagogInnen, SozialarbeiterInnen, PsychologInnen, BetreuerInnen, LehrerInnen, Eltern) bieten div. Angebote an, durch die die Kinder Diplome erwerben können (Töpferdiplom, Werkdiplom, Gartendiplom etc.). Anschließend dürfen sie selbstständig in den einzelnen Räumen arbeiten.
- Kinder sind umfassend informiert ➢ sehr beeindruckend!
- Alle sind per du ➢ LehrerInnen werden genauso ermahnt, wie die Kinder auch (z.B. bei den Beschwerden).
- Klar, es gibt auch störende Kinder, denen aber schnell wieder der Knopf ausgeschaltet wird.

Die präsente Aktualität seiner (schulischen) Lehren ist somit höchst interessant, denn sie zeigen Problemfelder auf, die bis zum heutigen Tag kein Stück ihrer Brisantes verloren haben: Spezielle Integration und frühe Förderung einzelner Schüler (u. a. im schulischen Bereich, der Persönlichkeit, Motorik, Wahrnehmung und anderen Lebensbereichen) hinsichtlich ihrer individuellen Voraussetzungen; Anpassung des Lernstoffes an den Entwicklungsstandard der Schüler; Aufbau fachspezifischer Schulliteratur etc., sind davon nur als einige Beispiele zu nennen. Comenius war somit der **Vorreiter einer europäischen, gewaltfreien Reformpädagogik.**

Zeit des gemeinsamen Lernens

investierte Zeit in Sprachen lernen und Reisen unternehmen. „Allen SchülerInnen soll alles gelehrt werden."

Es wird nach „Grundsätzen" unterrichtet, gemeinsam zu lernen, jedeN gleich zu behandeln und zu fördern und so auch eine frühe Selektion vermeiden

Hartmut von Hentig

Der Lehrer und Wegbereiter der Bildungsreformen in den 70er Jahren ist bis heute ein scharfzüngiger Kritiker des Bildungswesens. Seine Hauptthese besagt, dass die Schule keine Belehrungsanstalt sein soll, sondern ein Lebens- und Erfahrungsraum. Als Professor für Pädagogik an der Universität Bielefeld wurde Hartmut von Hentig durch zwei großangelegte pädagogische Experimente berühmt: In seiner "Bielefelder Laborschule" werden Schüler in Erfahrungsbereichen statt Fächern unterrichtet. Das "Oberstufen-Kolleg" umfasst wie das amerikanische College die gymnasiale Oberstufe und die ersten Semester des Studiums.